AF581482

María Calle Bajo
HABLO CON {DIOS}   La Muerte nunca tiene prisa...
Buenos Aires Poetry, 2024
46 pp.; 13,34 cm x 20,32 cm.
ISBN 978-987-8470-92-4
Poesía España

Primera edición

Editorial ©Buenos Aires Poetry
Colección ©Pippa Passes
Diseño editorial ©Camila Evia

BUENOS
AIRES
POETRY

BUENOS AIRES POETRY
editorial@buenosairespoetry.com
www.editorialbuenosairespoetry.com

HABLO CON DIOS

La Muerte nunca tiene prisa...

Año, 2024

Compuesto por María Calle Bajo
en SALAMANCA.

María Calle Bajo

*

HABLO CON {DIOS}

La Muerte nunca tiene prisa…

*

Para mis abuelos paternos, Julián y María del Buen Suceso,
y maternos, Benito y María de la Cruz;
y a mis padres, Mari Cruz Bajo y Primitivo Calle,
a mi hermano Jonathan y a mi heredero, Romeo.

Y a aquellos quienes con sus actos, sin matarme del todo,
me resucitaron.

María Calle Bajo
Salamanca –España–, 8 de julio de 2024

HABLO CON {DIOS}

[Me responde que me concede el eco de la duda.
Me abrazo al mito de nuevo,
a esa sustancia que se prolonga ontológicamente,
le expongo los tejidos
de las inquietudes
y se pronuncia el ego trascendental,
sin que nada del presente
pueda disuadirlo…

Yo he estado aquí antes,
traje conmigo mis pensamientos.
Me perseguí con la estructura de los años.
La agitación del recuerdo opera.
Y una mueca sucesiva late.
La clepsidra que no desatiende el murmullo
de cada escena cognitiva.
Hay un encierro en la garganta
que vierte los deseos.
Siempre es de día
cuando la velada noche lo alcanza.]

La Muerte nunca tiene prisa…

Ella nunca tiene prisa…

Es quien nos acuna,
con brazos y senos de madre.

Mece,
de la niñez a la adolescencia.

Cobijo de lúdicos rincones
donde nos destapa el estío paterno.

Febos en tránsito de la cordura absurda.

Andamiaje peregrino hormona y nos soporta.

Cascada,
donde agua dulce,
atrapa el llanto de lo mortal.

Delirio donde todo adolece de otro modo;
la presencia tiene los ojos llenos de memoria,
se pronuncia imperturbable.

Noria de exordios:

Tiempo que nos retiene en aquella infancia,
el aroma de las manzanas
es de caramelo bañado.

Hay libros en un estante (olvidados).
Retratos
 pan de oro
soportan los picoteos de una foto desafiada.

Rostros angelicales
comulgan
de portarretratos escapan.

Giraron la manija de la cajita de música,
el diseño de una bailarina añosa.
Tiene el rostro de unos dedos
amasándolo.

Extrajeron hipoacusia
de un *Claro de Luna.*

Ella se pronuncia,
nunca tiene prisa…

Vertemos los fotogramas
desmedidos de recuerdos.

La tragedia tiene solapas
para agarrarnos
a su sollozo:

La Muerte nunca tiene prisa…

Hablemos entonces, de ella.
Nadie lo hace,
pero todos la acompañan.

Somos cómplices,
transita igual por fuera
que por dentro.

La presencia de los que se fueron.
Y todavía no murieron.

Lo pienso.

Estuvieron en el mismo espacio
de esta sombra.

Bajo el mismo cielo que se apaga.

Y parece que seamos la existencia
de nuestros semejantes.

Ella nunca tiene prisa…

La claridad del día está entre los besos.
Trampas del descubrimiento
que revela el cuerpo.

Los besos…
Los besos también son Muerte.

Muerte dulce.

Dulce Muerte.

Duraznos de invertebrado nombre
nos prodigan
Entre centauros
se vertebran.

No temen, no se temen…

No teme la Muerte
ni la pronuncia.

Los novios se besan
claman el instante.

Abandonan
su vida.

Una sola vez
en la derrota

El gesto que se pronuncia.

Un primer intento
que no habita.

Él tampoco teme a la Muerte.
Hay desengaños.

Hay amor.
Hay fortuna.
Hay salud.

Se desvisten las secuencias.

Se desvisten.

El antojo de imaginarla…

Imaginar la Muerte como un velo de novia negro.

La Muerte nunca tiene prisa…

«*De rerum natura*»,

para abofetear a los dioses.

El Hombre ante las creencias.
El Hombre que enfrenta la realidad.
El Hombre frente a sí mismo.
El Hombre frente a la razón.
El Hombre frente a la Muerte.

Hay Hombres que desvelan a Dios…

[…]

Hablo con Dios

Hablo con Dios… Y en este diálogo hablo con la Muerte.
Hablo
{DIOS}
Muerte
La imagen y semejanza del pensamiento.

¡Hágase mi voluntad
allí en la tierra
como en el cielo!

Hablo desde la Muerte:

Soy testimonio desnudo
danza fugaz
Testigo silente de tapiz ilusorio.

¡Hágase el amor!

Pues de todos es la condición
de inmortalidad.

Recóndito soplo…
Vertebra esta costilla de Adán.

Denso gesto;
Tránsito que yacer embiste,
bocanada de Eva.

Solo es una manzana.

Muérdeme…

Ya no soy la Muerte
Pues soy el Engaño

Adolece

Peca

La Muerte nunca tiene prisa…

Fecundo su trazo
que de argento tiñe.

Soy el engaño
Soy el engaño

Desengáñame de la Vida
Yo te hablo.
Yo te hablo.

Y en ese diálogo soy la Muerte
Y hablo con Dios.
Dios
Muerte
Me concede el eco de la duda.
Diluye mi estructura
de antropológico
individualismo.

Soy materia muerta
Vivo con la Muerte.

Cuerpo que sin alma
penumbra
de conciencia
disuelta

La Muerte nunca tiene prisa…
Se libera de las torpes almas
Separa la materia de la risa
Alcanza lo puro
Lo lanza a lo eterno

Por eso, por aquello,
por todo esto…

Hablo con Dios
y no me escucho.
Tengo la lengua de trapo
en su regazo.
Me crucifico en su corona de espinas.

Soy la Poeta que finge el miedo.
Soy la Poeta
La Poeta Nodriza.

Traje la cruz
Traje los clavos
Traje la blanca sangre
Me corono de espinas

Lo cubro de piel;
me arrodillo
y avanzo con toda la vida
con la Muerte

Me traigo a mi encuentro
Se agota el latido
Se seca la boca
Se azota el sentido

Y en estos diálogos sobre la Muerte
Dios quiere alcanzarme.

La natural vida es su ruego.
No hay más mundo que la Muerte…

Y ella nunca tiene prisa.

Uno no muere del todo solo.
Tan solo vive en el desengaño.

VIDA
Y
MUERTE

Rubí
Labios desnudos
Altos sus ojos

Recuerdo que los besos mueren
Recato de coces
En esa Muerte

Ella nunca tiene prisa…
¡Hágase de nuevo el Amor!
Torrencial delirio

Rescate del engaño
Posan sus labios
los besos

Muertos por la vida

¿Qué tiene Dios en su boca?

Aunque hable con Dios
Yo me respondo

Me subo a su Cruz,
Ahora la Cara.

Desclavo mi Muerte

La Muerte nunca tiene prisa…

¿Qué habita en mí que no sostengo?
He metido mis manos en el cuerpo.
Sustento la inercia de estos dedos.

Alcanzo solo el lagrimal de los encuentros
Estiro con fuerza la lengua

Persigo los dientes cuando duermen
Y me encuentro con la Muerte.
La susurro…

Se presenta ante la vida
Soy su ofrenda
La vida muerde
La presa muerte en vida

No hay manzana sin serpiente.
La Vida
manifiesto
de la Muerte

Viene a buscarme
del antebrazo

Ella nunca tiene prisa…
{Dios}

Me dice que no tiene prisa;
que no tiene prisa,
que me acompaña.
Me abrazo a ella
con forma de balanza
Dios me golpea la sien…

¿Cuál es el «*ordo amoris*»
que nos concede
la lechuza albina?

360° de insomnio

Los días se apresuran
se dislocan las noches

Canta la mañana.
Canta la aurora.
Canta el ruiseñor.

MUERTE
Y
VIDA

Tengo los ojos llenos de memoria
Separo los dientes
Trenzo la luz
Sostengo la voz
en la noche
Noche de luz trenzada

Llego a mí
Me tengo muerta
Pronuncio la Vida

Sí, yo he estado aquí antes.
Concibo el Ser
dentro de este Estar
que adormece

Sí, yo he estado aquí antes.
Traje conmigo
las muecas vivas
los gestos sanos
se entumecen

Sí, yo he estado aquí antes.
Con los brazos de agua
con el corazón en huesos

Me aten la nuca
al talón
si de puntillas me he ido.

Yo, yo mientras hablo con DIOS
Se desnuda en la Muerte
Pliegos bruñidos
Piedad

{DIOS}

Me descuelgo de la Cruz,
Ahora de canto.
La cara.

El frontal blanco

A veces es de día
A veces es de noche

Cubro mis pensamientos
de pasos.

Abrazo la luz

Luz de la negra Muerte.

Negra luz

{DIOS}

No responde.
Paseo con sus clavos.

Sonríe la Muerte.

Le alcé el velo.

Ella nunca tiene prisa…
Huye, joven Muerte
detente de esta vida
que no perece
que aflora
que virgen
ay, gime su suerte.

Deja un lacrado sello.

Lo clavo en mi pecho

El corazón lo recita
en blanco hueso.

Pum pum
pum pum

Sigo en la cruz
volteo el rostro
en los cantos
clavos
clavados los dedos
espinas me coronan
Sangra el blanco
cor, cordis

Clavícula
contorsión
relieve de luz
Materia indecisa

Los brazos en cruz
Agolpada
la blanca sangre
Los clavos de luz

Las manos clavadas
Cruzadas las piernas
Clavados los pies
Los ojos se rinden

La voz se acobarda
La Luz se desclava

Hablo con Dios
como me habla la Muerte…

...sollozo que de Vida el himen:

Se pronuncia la LUZ
LA CRUZ
recoge los clavos
la corona
una a una
las espinas
la blanca
sangre

El ascenso

Átomos
Pulso
nulo alma
Cuerpo
Pliegos
Corazón en Huesos
La sien
invertebrada
cabello suelto

Fueron dedos
anillos puestos

Cavidad
oxigenada
Mueca rota
Llanto sordo

Mentón
de alto vuelo

El cielo cubre la tierra
sobre el bulto tierno

La aurora el velo
Los cerros en duelo
La llanura
tendida
por el rostro vestido
Los labios desnudos
Los senos abiertos
Sacia tierra madre
Sacia los huesos

Lluvia de Luz

LUZ OSCURA
Luz de aullido
lobo Padre

Tendidas las causas
Vertidos los tiempos
Hundidos los modos
Crujidas las formas
{DIOS}

Esperan a ti
que vuelvas
Retroceden de ti
camino
ensombrece
la Luz Muerta
Lechuza Madre

El todo de la nada
se inunda
Nada retiene
el ahora
Fértil bruma
de la vida

Retenme en ti
Noche cautiva
DIVINO PULSO
Retén
Vida
nuestra que abrazo
Retenme en blanco
Corazón sin huesos

Te acompaño
dulce ocaso
tengo en ti la palabra
del AMOR

Dulce vida
que es Muerte
Dulce Amor
que es Vida

La Muerte de la vida
El Amor de la Muerte

No dejo nada a tu suerte
sierva del Señor
Padre que todo Amor
es Muerte

Peregrina por este cuerpo que crucificado
entierra la sangre blanca de su corazón

Oh, Divino Amor
Oh, Divina Muerte

Oh, Vida
Vida que sin Vida
Es Amor de esta vivida Muerte.

El Hombre en el todo de la nada
La nada del todo del Hombre

La Cruz
Los Clavos
La Corona
Las Espinas
La Blanca Sangre
La Luz

Aurora
Madre

Corono tu Muerte
Clavo tu Luz

Madre
Aurora

Sangro tus espinas
La Cruz
TESTIGO

Los clavos sangrientos
La corona vertida
El corazón clavado
abre llaga corazón
de Luz

Oh, Muerte que de Vida
Sombra
Oh, Vida que de Muerte
Luz

{DIOS}

Hablo con la Muerte
Me condenso en ella
Tengo el testimonio
de la blanca sangre

Yace la Muerte
Clavada en la Cruz
Corona de Luz
Sangre Blanca

Duerme Muerte
Dulce Vida
Duerme fecunda
Duerme en la niñez
de mi pupila
{…}

DUELO DE BESOS
«*ORDO AMORIS*»
TESTIMONIO
Corazón
de MENUDOS HUESOS

Blanca Muerte
Te sellan mis labios

El pecho se agita
Dulce Cruz
corona de Luz
clavos y espinas
CRUZ

ADOLEZCO
DOLENCIA DE DÓCIL
DENSIDAD

CLAUSURA ESTOS OJOS
QUE TE PRONUNCIAN

LACRADOS DE LUZ
SACIADOS DE TI
SIMIENTE DE TODA CASTIDAD

{...}

«*Ad Vitam ad Aeternam*»

[Siempre es de noche
cuando el velado día lo alcanza.

Hay un deseo en la garganta
que vierte los encierros.

La clepsidra que no atiende el murmullo
de ninguna escena cognitiva.
La agitación del recuerdo inoperante.
Y una mueca sucesiva muere.
Me detuve en la estructura de los años.

Yo he quedado aquí antes,
traje conmigo mis pensamientos.

Me abrazo al mito para siempre,
a esa sustancia que se prolonga ontológicamente,
le expongo los tejidos
de la quietud
y se acalla el ego trascendental,
sin que nada del presente
pueda disuadirlo…

HABLO CON {DIOS}

Me responde que me concede el eco de la certeza.]

Sobre la autora

La filóloga y artista **María Calle Bajo** nació en la Perla del Valle, Plasencia. El mimbre de su trayecto personal y profesional ha llevado a la poeta a tejer la hermosa y áurea ciudad del Tormes, Salamanca; donde conjuga el modo y la forma de la materia a través de distintas manifestaciones artísticas. Actualmente trabaja como profesora en el Centro Didáctico de Español y en el Colegio Ibérico. En su función educativa ha formado parte del área I+D+i de Cursos Internacionales de la Universidad de Salamanca, donde cursó sus estudios de Filología Hispánica y Magisterio. La escritora se enfoca en la enseñanza del español como lengua extranjera donde, al margen de la Universidad, se proyecta hacia la investigación dentro del ámbito de la teoría y crítica literarias con una obra fundamental en su formación personal, académica y profesional: la *Crítica de la razón literaria* (2017) de Jesús G. Maestro. La escritora española abre camino con su concienzuda labor expansiva; su maternidad, su formación e investigación, su actividad docente, un «*ordo amoris*» incesante que hizo posible completar la formación del Máster Universitario del Profesorado de Educación Secundaria Obligatoria y Bachillerato, Formación Profesional, y Enseñanzas de Idiomas en la Universidad Pontificia de Salamanca, por esa misma Universidad realizó el Máster Internacional para Profesores en Lengua y Cultura Españolas y el Grado en Maestro de Primaria.

Sus textos forman parte de antologías impresas: *La flor en que amaneces, serie-asteroide N.° III* (Venezuela); *Faszine* de poesía 1 'Un camino de tierra' (Salamanca, España); edición bilingüe español-rumano «TRASATLÁNTICA: DESDE AMBAS ORILLAS DE LA HISPANIDAD» 2022 (Rumania); edición inglesa «*Atunis Galaxy Anthology-2024 World Poetry*» (EEUU). Tradujeron algunos de sus poemas al griego, al italiano, al bengalí, al rumano y al inglés; publicaron otros de sus poemas en varios portales culturales como *Il giornale letterario* y *Il Centro Cultural Tina Modotti* (Italia). En su faceta creadora con mirada hacia la infancia, la fundación *Conrado Blanco* recoge algunos de sus cuentos infanto-juveniles, como «Corazón Blanco», «Ni Caperucitas ni Caperucitos» y, en su máxima, en 'Poesía desde niños', poemas como «En la Boca». En esa misma vertiente, destacan sus poemarios vinculados a la mitología clásica. Han seleccionado y publicado en antologías de formato físico algunos de sus relatos breves en virtud del reconocimiento de nuestros mayores, como «Guirnalda de antaño» por «Manos envueltas en Gratitud del V Certamen de Relato Breve» 2021; relatos breves de carácter ensayístico, como «Tesoro del logos» (2022), «Me llaman San Isidoro de Sevilla» (2023) y «*Verba volant*» (2024), para las antologías Vivencias Premios Orola. Formó parte del elenco de poetas internacionales que acudieron a las bodas de plata del «XXV Encuentro de poetas iberoamericanos», el cual tuvo lugar en Salamanca, entre los días 13 y 16 del mes de octubre del 2022; encuentro en el que también participa en el año 2024. En última instancia, la poeta ha asistido a las «I y II JORNADAS POÉTICAS ÁRABE-HISPANO-AMERICANAS» celebradas en mayo del 2023 y en febrero del 2024, también en la ciudad dorada del Tormes. En junio de 2020, obtuvo el segundo premio relativo al IV Certamen de Poesía Social 'Mujer, voz y lucha' CGT Castilla y León con el poema Búsqueda. La editorial *Buenos Aires Poetry* publicó sus poemarios *Semillas* (2020), *Calíope* (2021) y *Medallón* (2022).

†

Octubre 2024
Impreso en Buenos Aires,
Buenos Aires Poetry
www.editorialbuenosairespoetry.com

www.ingramcontent.com/pod-product-compliance
Lightning Source LLC
LaVergne TN
LVHW041256150826
845673LV00008B/2617

* 9 7 8 9 8 7 8 4 7 0 9 2 4 *